ほぼ10分でトロッとなる煮込みです。

牛尾理恵

煮込みものがたり
なにかと忙しい主人公
日々いろいろあるな〜
いくら時間あっても足りない…
靴ひもほどけてるよ〜
帰りも遅くなるよね

今日最後の一食は…

あたたかい煮込み

とろとろ癒され
気持ちまでほぐれる

肉汁あふれてます
うまみ爆発～
CMっぽいぞ
ワイン持ってきて

実は10分しか煮込んでないの
しかも日曜日に作りおきしたんだ
半日煮込んでそう
働く人にやさしい!
なんと!
煮込み革命か!

なぜ、ほぼ10分でトロッとなるの？

短時間煮込むだけで中まで火が通り、トロッとおいしく仕上がるのは、主に6つの時短テクがあるからです。1つのテクだけでなく、組み合わせて使う場合もあります。

テク 1

火が早く通る切り方だから

火が通りにくい食材でも小さく切ったり、そぎ切りにすることで、早く中まで火が通る。

この「時短テク」を使っているのは…

➜P.26、P.28、P.32、P.48、P.50、P.60、P.62、P.90、P.98、P.118、P.124

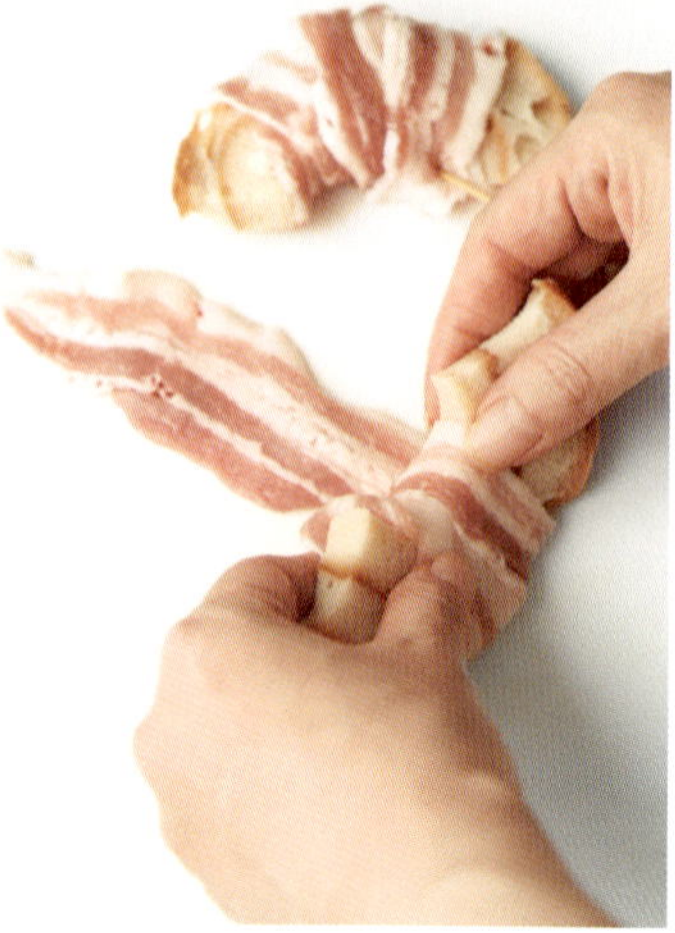

テク 2

火が早く通る食材だから

かたまり肉の代わりに薄切り肉を使うなど、火の通りがよい食材を選ぶことで煮込み時間を短縮。

この「時短テク」を使っているのは…

➜P.18、P.24、P.30、P.34、P.36、P.38、P.42、P.52、P.92、P.96、P.114、P.120、P.132、P.144

テク 3

肉をつけて軟らかくするから

かたい肉でも甘酒やおろし玉ねぎなどにつけてから煮込むと、その発酵力や酵素力で早く軟らかくなる。

この「時短テク」を使っているのは…
➜P.40、P.50、P.52、P.54、P.56、P.64

テク 4

食材でコクをプラスするから

短時間の煮込みでどのようにコクを出すかもポイントに。ベーコンやハムなどのコクだし食材を活用。

この「時短テク」を使っているのは…
➜P.22、P.44、P.46、P.66、P.102、P.104、P.116、P.122

テク 5

粉でとろみをつけるから

小麦粉をふり入れたり、肉に片栗粉をまぶしておくと、煮込み時間が短くてもトロッとした食感に仕上がる。

この「時短テク」を
使っているのは…
➜P.32、P.36、P.54、P.66、P.112

テク 6

蒸し煮で加熱時間を短縮するから

蒸し煮は煮汁の量が少ないため、煮立つまでの時間を短縮することができる。素材のうまみも薄まらず、おいしくできる。

この「時短テク」を
使っているのは…
➜P.20、P.58、P.94、P.100

レシピはほとんどナシ！ほうり込んで完成

「ほぼ10分でトロッとなる煮込み」の作り方は、基本的に次の2通りしかありません。かんたんにできるから、平日、帰ってきてからだって煮込み料理ができるんです。

材料を一度に入れて煮込むだけ

鍋に火が通りにくいものから順に重ね入れて、あとは指定の時間を目安に煮込むだけ。

材料を時間差で入れて煮込むだけ

だしを煮立てるなどしてから、材料を入れる2段階方式。あとは指定の時間を目安に煮込むだけ。

キホン

メイン食材は2、3品。だから気軽に作れる

いくら作り方がかんたんでも、用意する材料が多いと、やる気をなくしてしまうもの…。どのレシピも主な食材はほぼ2、3品に抑えているので、思い立ったらすぐにできます。

メイン食材は2品だけ

「豚ばら肉とにんにくの芽の煮込み」(P.34)の主な食材は2品だけ。あとはしょうがと、常備している調味料があればすぐにできる。

メイン食材は3品だけ

「鶏肉のココナッツミルク煮」(P.26)の主な食材は3品だけ。食材が少なくても、良質のタンパク質、ビタミン、ミネラルをしっかり補給することができる。

ほぼ10分で

「トロッとなる煮込み」は保存もできます

煮込みレシピのほとんどは、保存することもできます。多めに作って残ったものを保存してもよし、初めから〝作りおき〟にしてもよし。味がしみ込んでさらにおいしくなります。

冷蔵保存のやり方

「煮込み」を冷ましてから、保存容器に入れて密閉する。冷蔵庫で3〜5日を目安に保存する。

温めなおすときは…

耐熱容器に入れて、電子レンジでチンするだけ。

＊冷蔵保存できる料理は保存日数を各レシピに明記。

冷凍保存のやり方

「煮込み」を冷ましてから冷凍保存用袋に入れ、平らにして密閉。冷凍庫で1カ月を目安に保存する。密閉容器に入れて保存してもよい。

解凍するときは…

電子レンジで解凍後、耐熱容器に入れ替えて電子レンジで温める。

＊冷凍保存できる料理は保存日数を各レシピに明記。

冷凍NG食材

じゃがいも、春雨、こんにゃく、豆腐、ゆで卵は、冷凍に向かない食材です。これらがメイン食材の場合は冷凍保存しないこと。つけ合わせやトッピングに利用しているときは、とり除いてから冷凍しましょう。

目次

かんたんコトコト20min

Chapter 2 外食続きの日は…「野菜をサッと煮込んで」

Chapter 3

一杯やりたい日は…「おつまみをチャチャッと煮込んで」

Chapter 4

ペコペコの日は…「ごはんや麺も加えた一品料理で」

Extra edition 番外編

休日は…「本格的なごちそうを煮込んで」

column

この本の使い方

レシピの読み方

・計量の単位は小さじ1＝5ml、大さじ1＝15ml、1カップ＝200mlです。
・レシピの火加減と煮込み時間は目安です。鍋や室温などによっても変わってくるため、様子を見ながら調整しましょう。
・レシピは基本的に「2人分」です。料理によっては「作りやすい分量」になっています。
・電子レンジの加熱時間は600Wで加熱した場合の時間です。500Wの場合は1.2倍が目安になります。

マークの読み方

●煮込み時間
煮込み料理には、それぞれ煮込み時間を明記しました。

●時短テク
煮込み料理（Chapter2を除く）には、それぞれ「時短テク」マークもついています。なぜ短時間でできるのか、その理由がわかります。

●保存期間
煮込み料理のほとんどは保存することもできます。冷蔵保存の日数は、密閉容器に入れて冷蔵庫で保存した場合の目安です。冷凍保存の日数は、冷凍用保存袋や密閉容器に入れて冷凍庫で保存した場合の目安です。

●野菜の摂取量
Chapter2の「摂取できる野菜」は、およその分量です。

Chapter 1

まずはいつもの平日から…「かんたん煮込み」

ただいまぁ…。
これから、帰ってからでもすぐできる
「かんたん煮込み」をご紹介します。
約5分、約10分、約20分煮込むだけで
すぐに食べられる3パターンの煮込みです。

おっ、にこみちゃん
ちょっとお疲れね
そっ、これから煮込むの?

5min. 10min. 20min.
大丈夫？
問題ないよ
「かんたん煮込み」なんだから〜

ふわふわなのにジューシー
肉だんご黒酢煮

材料（2人分）
- 豚ひき肉（または合いびき肉）…200g
- 麩（つぶして細かくする）…20g
- 溶き卵…1/2個分
- 玉ねぎ（すりおろし）…大さじ2
- しょうが（すりおろし）…小さじ1/2
- 塩…少々
- 片栗粉…大さじ3
- **A** 顆粒鶏がらスープ…小さじ1/2
  - 水…1カップ
  - しょうゆ…大さじ2
  - 黒酢…大さじ2
  - 酒…大さじ2
  - はちみつ…大さじ1

時短テク・火が早く通る食材

1 下ごしらえ
ひき肉に麩、卵、玉ねぎ、しょうが、塩を加えてねり合わせる。一口大に丸めて片栗粉をまぶす。

2 鍋に入れる
Aを煮立て、1を入れる。

3 煮込む
ふたを開けたまま中火で5分ほど、ときどきゆすりながら煮詰める。

冷蔵3日
冷凍1カ月

かんたん
コトコト5min

レモンとワインの風味がさわやか
鶏肉と長ねぎの蒸し煮

時短テク・蒸し煮で加熱時間を短縮

材料（2人分）

- 鶏もも肉（一口大に切る）…1枚分
- 塩・こしょう…各少々
- 長ねぎ（縦半分に切ってから、斜め薄切り）…1本分
- 国産レモン（輪切り）…1/2個分
- A
  - 白ワイン…1/2カップ
  - はちみつ…小さじ2
  - バター…10g
  - 塩…小さじ1/3
  - こしょう…少々

冷蔵3日
冷凍1カ月

1 下ごしらえ
鶏肉に塩、こしょうをふる。

2 鍋に入れる
1、ねぎ、レモン、Aの順に入れる。

3 煮込む
強火にかけ、煮立ったらふたをして中火で5分ほど蒸し煮にする。

うーんなんともいい香り

ごちそう感たっぷり
さばのトマトジュース煮込み

材料（2人分）
玉ねぎ（繊維に沿って薄切り）…小1個分
塩さば（3cm幅のそぎ切り）…2枚分
A トマトジュース（無塩タイプ）…1本（190g）
ローズマリー（ほぐす）…1本分
砂糖…小さじ1
顆粒コンソメ…小さじ1/2
カレー粉…ひとつまみ
塩…小さじ1/4

時短テク・食材でコクをプラス

1 鍋に入れる
玉ねぎ、さば、Aの順に入れる。

2 煮込む
強火にかけ、煮立ったらふたを少しずらして、弱めの中火で5分ほど煮詰める。

冷蔵3日
冷凍1カ月

カレールーで本場の味
なすのひき肉カレー

材料（2人分）
サラダ油…小さじ2
A 玉ねぎ（みじん切り）…1/2個分
しょうが（みじん切り）…1片分
にんにく（みじん切り）…1片分
豚ひき肉…100g
トマト（1cm角に切る）…1個分
オクラ（ガクをとり、塩をふって板ずりし、斜め半分に切る）…6本分
なす（1cm幅の輪切り）…1本分
水…3/4カップ
カレールー（刻む）…50g
塩・こしょう…各少々
ナン…適宜

時短テク・火が早く通る食材

1 鍋に入れる
油、Aを中火で熱し、香りが出てきたらひき肉を炒め合わせ、トマト、オクラ、なす、水を加える。

2 煮込む
ふたをして中火で5分ほど煮込む。火を止めて、ルーを溶かし、塩、こしょうで味を調える。好みでナンを添える。

冷蔵3日
冷凍1カ月

かんたん
コトコト5min

タイの家庭料理
鶏肉のココナッツミルク煮

材料（2人分）
鶏むね肉（一口大に切る）…1枚分
塩・こしょう…各少々
A 顆粒鶏がらスープ…小さじ1
　水…1カップ
なす（ヘタをとり、皮をむいて1㎝幅に切る）…2本分
B ココナッツミルク…1カップ
　ナンプラー…小さじ2
　カレー粉…小さじ1
プチトマト（ヘタをとる）…10個分

時短テク・火が早く通る切り方

冷蔵3日
冷凍1カ月

1 下ごしらえ
鶏肉に、塩、こしょうをふる。

2 鍋に入れる
Aを煮立て、1、なすを入れる。再び煮立ったらB、プチトマトを加える。

3 煮込む
煮立ったらふたをして弱めの中火で5分ほど煮込む。

味が中までしみしみ いか大根

時短テク ・火が早く通る切り方 ・電子レンジを活用

材料（2人分）
するめいか…1杯
大根（2cm幅のいちょう切り）…1/3本分（300g）
A しょうが（細切り）…1片分
だし汁…1と1/2カップ
しょうゆ…大さじ1
みりん…大さじ1
塩…少々

1 下ごしらえ
いかは胴からワタ、足を離して、軟骨をとり除き、1・5cm幅の輪切りにする。足は2〜3本に分ける。大根は、耐熱皿にのせてラップをふんわりとかけ、電子レンジで5分加熱する。

2 鍋に入れる
Aを煮立て、1を入れる。

3 煮込む
ふたを少しずらして中火で5分ほど煮込む。

冷蔵3日 冷凍1カ月

いかと大根の
最強タッグ！

うまみのかたまり
かんたん塩チゲ

時短テク・火が早く通る食材

材料（2人分）
あさり（砂抜きずみ）…200g
A 顆粒鶏がらスープ…小さじ1
水…2カップ
赤唐辛子（小口切り）…ひとつまみ
にんにく（すりおろし）…小さじ1/2
しょうが（すりおろし）…小さじ1/2
豆腐（水気をきって崩す）…2/3丁分
ニラ（3〜4cmのざく切り）…40g
塩…小さじ1/3
コチュジャン…適宜
*にんにくとしょうがは市販のチューブでもOK。
*豆腐は木綿でも絹でもOK。

冷蔵3日

1 下ごしらえ
あさりはよく洗う。

2 鍋に入れる
Aを煮立て、1、豆腐、ニラを入れる。

3 煮込む
ふたをして中火で5分煮込み、あさりの口が開いたら塩で味を調える。
*食べながらコチュジャンを加えて味を変えても!

下ごしらえ ― 鍋に入れる ― 5分 ― eat!

ほっとするやさしさ
和風鶏ささみのとろ煮

材料（2人分）
鶏ささみ（筋をとり、2cm幅のそぎ切り）…150g
片栗粉…大さじ1
A だし汁…1と1/2カップ
みりん…大さじ1
しょうゆ…大さじ1
塩…少々
豆腐（水気をきって崩す）…1/2丁分
グリーンアスパラガス（斜め切り）…3〜4本（1束）分
＊豆腐は木綿でも絹でもOK。

時短テク
・粉でとろみをつける
・火が早く通る切り方

1 下ごしらえ
鶏肉に片栗粉をまぶす。

2 鍋に入れる
Aを煮立て、1、豆腐、アスパラガスを入れる。

3 煮込む
ふたを開けたまま中火で5分ほど煮込む。

冷蔵3日

オイスターソースが決め手の豚ばら肉とにんにくの芽の煮込み

材料（2人分）
豚ばら薄切り肉（3～4cm幅に切る）
…200g
にんにくの芽（4cm長さに切る）
…1束分（100g）
しょうが（細切り）…1片分
A 顆粒鶏がらスープ…小さじ1/2
水…1/2カップ
オイスターソース…小さじ2
しょうゆ…小さじ2
砂糖…小さじ1
酒…大さじ1
赤唐辛子（小口切り）…ひとつまみ

時短テク・火が早く通る食材

1 鍋に入れる
豚肉、にんにくの芽、しょうが、**A**の順に入れる。

2 煮込む
ふたをして強火にかけ、5分ほど蒸し煮にする。火を止めたらさっと混ぜ合わせる。

冷蔵3日
冷凍1カ月

切り落とし肉で手軽に
牛肉のトマトクリーム煮

材料（2人分）
牛切り落とし肉…300g
塩・こしょう…各少々　小麦粉…大さじ1
A バター…10g
　にんにく（みじん切り）…1片分
玉ねぎ（繊維に沿って薄切り）…1個分
B トマト缶（カットタイプ）
　…1/2缶（200g）
　水…1/2カップ
　赤ワイン…大さじ2
　ウスターソース…小さじ2
　顆粒コンソメ…小さじ1
　砂糖…小さじ1
生クリーム…3/4カップ
塩…小さじ1/3　こしょう…少々
パセリ…適量

時短テク
・粉でとろみをつける
・火が早く通る食材

冷蔵3日
冷凍1カ月

1 下ごしらえ
牛肉は塩、こしょうをふり、小麦粉をまぶす。

2 鍋に入れる
Aを中火で熱し、香りが出たら玉ねぎを炒め、全体に油がなじんだら1も加えてさっと炒める。

3 煮込む
Bを加えて煮立ったら、ふたを少しずらして弱火で7分ほど煮込む。生クリームを加えてひと煮立ちさせ、塩、こしょうで味を調える。パセリを散らす。

かんたん
コトコト10min

車麩を豚の角煮に見立てた トンポーロー風

材料（2人分）
車麩（水で戻し、しぼって半分に切る）…4個分
豚ばら薄切り肉…8枚
A 顆粒鶏がらスープ…小さじ1/2
水…1カップ
オイスターソース…小さじ2
しょうゆ…大さじ1
酒…大さじ2
砂糖…小さじ2
シナモンパウダー…5ふり
長ねぎ（内側の青い部分は細切り、外側の白い部分は白髪ねぎにする）…1/2本分（50g）
しょうが（薄切り）…1片分
赤唐辛子（種をとる）…1本分

時短テク・火が早く通る食材

1 下ごしらえ
車麩を豚肉で巻き、端を爪楊枝でとめる。

2 鍋に入れる
Aを煮立て、1、ねぎの青い部分、しょうが、赤唐辛子を入れる。

3 煮込む
ふたを少しずらして弱めの中火で10分ほど煮込む。器に盛り、白髪ねぎをのせる。

冷蔵3日
冷凍1カ月（白髪ねぎを除く）

えっ、これ角煮じゃないの？

かんたん
コトコト10min

下ごしらえ — 鍋に入れる — 10分 — eat!

塩麹でより奥深い味に
かぶと豚肉の中華風クリーム煮込み

材料（2人分）
豚こま切れ肉…200g
塩麹…大さじ1と1/2
かぶ（くし形切り。葉はざく切り）…小3個分（300g）
A 顆粒鶏がらスープ…小さじ1
　水…1カップ
牛乳…1カップ
塩・こしょう…各少々
片栗粉…小さじ2

時短テク・肉をつけて軟らかく

冷蔵3日
冷凍1カ月

1 下ごしらえ
豚肉は塩麹と合わせて15分ほどおく。

2 鍋に入れる
かぶ、Aの順に入れる。中火で煮立てて1を加える。

3 煮込む
ふたをして弱めの中火で10分ほど煮込む。かぶの葉、牛乳、塩、こしょうを加えて温め、小さじ1の水で溶いた片栗粉でとろみをつける。

ねっとりコクうま
鶏レバーのスイートチリソース煮

材料（2人分）
鶏レバー（余分な脂肪をとり、よく洗う）…200g
A 顆粒鶏がらスープ…小さじ1
　水…1と1/2カップ
長ねぎ（3cm長さのぶつ切り）…1本分
にんにく（半分に切る）…1片分
B スイートチリソース…大さじ3
　ナンプラー…小さじ2
　こしょう…少々

レ 時短テク・火が早く通る食材

冷蔵3日
冷凍1カ月

1 下ごしらえ
レバーは水に10分ほどさらして臭みを抜く。

2 鍋に入れる
Aを煮立て、1、ねぎ、にんにくを入れる。

3 煮込む
アクが出たらとり除き、Bを加える。ふたを少しずらして弱めの中火で10分ほど煮込む。途中鍋をゆすりながら煮詰める。

かんたん
コトコト10min

マヨネーズでしっとり〜 鶏むね肉だんご

材料（2人分）
鶏むねひき肉…200g
A マヨネーズ…大さじ1
片栗粉…大さじ1
塩…小さじ1/4
こしょう…少々
酒…小さじ1
しょうが（みじん切り）…1片分
B だし汁…2カップ
しょうゆ…大さじ1/2
みりん…大さじ2
しめじ（ほぐす）…1パック分
長ねぎ（1cm幅の斜め切り）…1本分
みそ…大さじ1/2

時短テク・食材でコクをプラス

冷蔵3日
冷凍1カ月

1 下ごしらえ
ひき肉にAを加えてねり合わせる。

2 鍋に入れる
Bを煮立て、1をスプーンで丸めながら入れてから、しめじ、ねぎを加える。

3 煮込む
ふたを少しずらして中火で10分ほど煮込み、仕上げにみそを溶く。

薬味が渾然一体！たいとセロリの白ワイン煮

材料（2人分）
たい（切り身）…2切れ
塩・こしょう…各少々
セロリ（茎は斜め薄切り、葉はざく切り）…1本分
アンチョビ（みじん切り）…4切れ分
にんにく（みじん切り）…1片分
白ワイン…3/4カップ
ローリエ…1枚

eat! 10分 — 鍋に入れる — 下ごしらえ

時短テク・食材でコクをプラス

1 下ごしらえ
たいに塩、こしょうをふる。

2 鍋に入れる
セロリ、1、アンチョビ、にんにく、ワイン、ローリエの順に入れる。

3 煮込む
ふたをして弱めの中火で10分ほど蒸し煮にする。

冷蔵3日
冷凍1カ月

10分でもほくほく 韓国風肉じゃが

材料（2人分）
じゃがいも（皮をむいて一口大に切る）…2個分（400g）
ごま油…小さじ2
牛切り落とし肉…150g
長ねぎ（斜め切り）…1本分
A 顆粒鶏がらスープ（またはダシダ P157）…小さじ1
水…2カップ
コチュジャン…大さじ1
しょうゆ…大さじ2
酒…大さじ1
砂糖…大さじ1

時短テク
・火が早く通る切り方
・電子レンジを活用

冷蔵3日

1 下ごしらえ
じゃがいもは耐熱皿にのせてラップをかけ、電子レンジで3分ほど加熱する。

2 鍋に入れる
油を中火で熱し、牛肉、ねぎを炒める。全体に油が回り、牛肉に少し火が通ったら、1、Aを加える。

3 煮込む
ふたを少しずらして中火で10分ほど煮込む。

かんたん
コトコト10min

甘酒の発酵力で時短に鶏肉とごぼうの甘酒煮

時短テク
・肉をつけて軟らかく
・火が早く通る切り方

材料（2人分）
鶏もも肉（一口大に切る）…1枚分
甘酒…1/2カップ
ごぼう（ささがき）…100g
A だし汁…1と1/2カップ
　薄口しょうゆ…大さじ1と1/2

冷蔵3日
冷凍1ヵ月

1 下ごしらえ
鶏肉は甘酒と合わせて15分ほどおく。ごぼうは、水にさらしてアクを抜いてから、水気をきる。

2 鍋に入れる
Aを煮立て、1の鶏肉（つけ汁ごと）、1のごぼうを入れる。

3 煮込む
ふたを少しずらして中火で10分ほど煮込む。

eat! 20分 鍋に入れる 下ごしらえ

レストランみたい！ビーフストロガノフ

材料（2人分）
牛切り落とし肉…200g
塩・こしょう…各少々
A 玉ねぎ（薄切り）…1個分
にんにく（薄切り）…1片分
赤ワイン…1/2カップ
しめじ（ほぐす）…1パック分（100g）
B トマトピューレ…3/4カップ
ウスターソース…大さじ2
しょうゆ…小さじ1
顆粒コンソメ…小さじ1
水…1/2カップ　ローリエ…1枚
バター…10g　塩…小さじ1/4
こしょう…少々　ごはん…適量
サワークリーム…適量

時短テク
・火が早く通る食材
・肉をつけて軟らかく

冷蔵3日
冷凍1カ月

1 下ごしらえ
牛肉に塩、こしょうをふる。A、ワインと合わせて15分ほどおく。

2 鍋に入れる
1、しめじ、Bを入れてざっと合わせる。

3 煮込む
ふたをして中火で20分ほど煮込む。バターを加えて塩、こしょうで味を調える。器にごはんと盛り合わせ、サワークリームを添える。

この味、
家でもできるんだ…

かんたん
コトコト20min

こっくりなめらか クリームシチュー

材料（2人分）

- **鶏もも肉**（骨つきぶつ切り）…350g
- 玉ねぎ（すりおろし）…大さじ2
- プレーンヨーグルト…$\frac{1}{4}$カップ
- **マッシュルーム**…1パック（8〜10個）
- **A** 顆粒コンソメ…小さじ1
  - 水…1カップ
  - ローリエ…1枚
- 生クリーム…1カップ
- 塩…小さじ$\frac{1}{3}$〜$\frac{1}{2}$
- こしょう…少々
- 小麦粉…大さじ2

下ごしらえ → 鍋に入れる → 20分 → eat!

時短テク
・肉をつけて軟らかく
・粉でとろみをつける

冷蔵3日
冷凍1カ月

1 下ごしらえ
鶏肉は玉ねぎ、ヨーグルトと合わせて15分ほどおく。

2 鍋に入れる
1、マッシュルーム、**A**の順に入れる。

3 煮込む
ふたをして強火にかけ、煮立ったら弱火で20分ほど煮込む。生クリームを加えて塩、こしょうで味を調える。茶こしで小麦粉をふるい入れて混ぜたら火を止める。

かんたん
コトコト20min

台湾のB級グルメ
ルーローハン風

材料（2人分）

豚ばらかたまり肉（1・5㎝幅に切る）…300g
パイナップル（5㎜角に切る）…100g
A 水…1と$\frac{1}{2}$カップ
にんにく…1片
しょうが…1片
長ねぎの青い部分…1本分
シナモンパウダー…5ふり
しょうゆ…大さじ2
オイスターソース…大さじ1
酢…大さじ$\frac{1}{2}$
酒…大さじ2　砂糖…大さじ1
塩・こしょう…各少々
ゆで卵（または温泉卵）…適宜

時短テク・肉をつけて軟らかく

冷蔵3日
冷凍1カ月（ゆで卵は除く）

1 下ごしらえ
豚肉、パイナップルは合わせて15分ほどおく（時間があるときは1時間から一晩つける）。

2 鍋に入れる
Aを煮立て、1を加える。

3 煮込む
ふたを少しずらして、中火で20分ほど煮込む。煮汁が半分ほどになったら火を止める。好みでゆで卵を添える。

豚ばらがとろっとろ

かんたん
コトコト20min

下ごしらえ — 鍋に入れる — 20分 — eat!

韓国の屋台で食べたチーズタッカルビ風

材料（2人分）
鶏もも肉（一口大に切る）…1枚分
塩…少々
A コチュジャン…大さじ2
トマトケチャップ…大さじ2
しょうゆ…大さじ1　酒…大さじ1
砂糖…大さじ1/2
にんにく（すりおろし）…1片分
しょうが（すりおろし）…1片分
キャベツ（ざく切り）…1/4個分（300g）
玉ねぎ（くし形切り）…1/2個分
B 顆粒鶏がらスープ（またはダシダ P157）…小さじ1
水…1/2カップ
ピザ用チーズ…100g

時短テク・蒸し煮で加熱時間を短縮

冷蔵3日
冷凍1カ月

1 下ごしらえ
鶏肉に塩をふり、Aと混ぜ合わせる。

2 鍋に入れる
キャベツ、玉ねぎ、1、Bの順に入れる。

3 煮込む
ふたをして弱めの中火で15～20分蒸し煮にしたら火を止める。全体を混ぜ、チーズを入れてふたをし、2分ほどおく。

しっとり軟らか三重奏
豚肉・大根・大豆の中華煮

材料（2人分）

豚肩ロースかたまり肉（2cm角に切る）…200g
大根（2cm角に切る）…300g
A 顆粒鶏がらスープ…小さじ1
水…1と$\frac{1}{2}$カップ
赤唐辛子（種をとる）…1本分
大豆（水煮）…100g
B しょうゆ…大さじ2
オイスターソース…小さじ1
酒…大さじ2
砂糖…大さじ1
酢…小さじ1

時短テク・火が早く通る切り方

1 鍋に入れる
豚肉、大根、**A**の順に入れる。強火にかけ、煮立ったらアクをとり除き、大豆、**B**を加える。

2 煮込む
ふたを少しずらして弱めの中火で20分ほど煮込む。

冷蔵3日
冷凍1カ月

しみてるなあ。

バターの香りに包まれて 鶏手羽中とじゃがいものしょうゆ煮

時短テク・火が早く通る切り方

eat! 15分 鍋に入れる

材料（2人分）
じゃがいも（皮つきのまま一口大に切る）…2個分（400g）
鶏手羽中（骨に沿って切り込みを入れる）…8本分
A だし汁…1と1/2カップ
しょうゆ…大さじ1と1/2
みりん…大さじ2
塩…小さじ1/4　バター…20g
グリーンピース缶（汁気をきる）…小1缶分（固型量55g）

1 鍋に入れる
じゃがいも、鶏手羽中、Aの順に入れる。

2 煮込む
ふたを少しずらして弱めの中火で15分ほど煮込む。仕上がりの5分ほど前にグリーンピースを加えて煮る。

冷蔵3日

かんたん
コトコト20min

下ごしらえ — 鍋に入れる — 20分 — eat!

玉ねぎとみそのからみが絶妙
豚肉とキャベツのみそ煮込み

時短テク・肉をつけて軟らかく

材料（2人分）

豚肩ロースかたまり肉（一口大に切る）…300g

A 玉ねぎ（すりおろし）…大さじ3
しょうが（すりおろし）…小さじ1
みそ…大さじ2

キャベツ（ざく切り）…$\frac{1}{6}$個分（200g）

B だし汁…1と$\frac{1}{2}$カップ
酒…大さじ3
みりん…大さじ3
しょうゆ…大さじ1

七味唐辛子…適宜

冷蔵3日
冷凍1カ月

1 下ごしらえ
豚肉は**A**と合わせて15分ほどおく。

2 鍋に入れる
キャベツ、1、**B**の順に入れる。

3 煮込む
ふたをして中火で20分ほど煮込む。好みで七味唐辛子をふる。

かんたん
コトコト20min

くたくた白菜でご飯がススム

豆腐と白菜の中華煮込み

時短テク
・食材でコクをプラス
・粉でとろみをつける

材料（2人分）
ごま油…大さじ1
しょうが（細切り）…1片分
白菜（3cm幅のざく切り）…300g
ハム（半分に切り、1cm幅に切る）…4枚分
A 顆粒鶏がらスープ…小さじ1
水…2カップ
酒…1/4カップ
塩…小さじ1/3
豆腐（水気をきり、2cm角に切る）…2/3丁分
片栗粉…小さじ1　ラー油…適宜
＊豆腐は木綿でも絹でもOK。

1 鍋に入れる
油を中火で熱し、しょうがを炒め、白菜、ハムを入れてさっと炒め合わせたらAを加える。

2 煮込む
ふたをして弱火で10分ほど煮込む。豆腐を加え、さらに10分ほど煮込んだら、倍量の水で溶いた片栗粉でとろみをつける。器に盛り、好みでラー油をかける。

冷蔵3日

column

「かんたん煮込み」中にもう一品

「かんたん煮込み」中にサッと作れる副菜です。
どの煮込みにも合わせやすいように、
酸味がきいたさっぱり味に。
冷たい料理だからあつあつの煮込みとの相性もピッタリ。

豆苗と長いものサラダ

長いものシャキシャキ感を楽しんで

材料（2人分）
長いも（細切り）…200g
豆苗（根を切り落とし、半分に切る）…30g
A 白いりごま…小さじ1
酢…小さじ2
しょうゆ…小さじ1
塩…小さじ1/4
こしょう…少々

作り方
長いもと豆苗をAでさっくりとあえる。

さっぱりしているのに、コクたっぷり トマトもずく酢

材料（2人分）
トマト（一口大に切る）…1個分
もずく酢…2パック
A ごま油…小さじ2
　白いりごま…小さじ2
　塩…少々
青しそ（細切り）…4枚分
しょうが（すりおろし）…小さじ1

作り方
1 トマトにもずく酢、Aを加えてさっくりと混ぜ、器に盛る。
2 青しそ、しょうがをのせる。

彩りのいい、はし休めにピッタリの一品

即席ピクルス風

材料（2人分）

赤パプリカ（乱切り）…1/2個分

黄パプリカ（乱切り）…1/2個分

セロリ（乱切り）…1/2本分

塩…小さじ1/3

A 酢…小さじ1

レモン汁…小さじ2

はちみつ…小さじ1

粗びきこしょう…少々

作り方

1 パプリカ、セロリをジッパーつきの袋に入れる。塩を加えてさっと混ぜ、口を閉じて電子レンジで1分加熱する。

2 温かいうちにAを加えてもみ、10分ほどおく。

Chapter 2

外食続きの日は…「野菜をサッと煮込んで」

「最近、外食ばっかり…」「野菜不足…」
そんなときは
野菜をサッと煮込んでみましょう。
ビタミンやミネラルが
しっかり補給できますよ。

ボク、平日はいつも外食…
ワタシも…
サッと煮込むだけなら
できるかも

「材料を鍋にほうり込むだけ」らしいよ
ホント!?
ならできるね!

野菜をサッと煮込んで

和テイストのラタトゥイユ

材料(2〜3人分)
オリーブ油…大さじ1
にんにく(みじん切り)…1片分
長ねぎ(1・5㎝幅に切る)…1/2本分
なす(1・5㎝幅のいちょう切り)…2本分
しいたけ(4等分に切る)…4枚分
A トマト缶(カットタイプ)…1/2缶(200g)
水…1/2カップ
ローリエ…1枚
顆粒コンソメ…小さじ1/2
塩…小さじ1/3
こしょう…少々　砂糖…小さじ1
ピーマン(1・5㎝角に切る)…2個分
しょうゆ…少々

1 鍋に入れる
油、にんにくを中火で熱し、香りが出てきたら、ねぎ、なす、しいたけの順に加えながら炒め合わせる。

2 煮込む
Aを加えてさっと混ぜ、ふたをする。煮立ったら弱火で10分ほど煮込む。ピーマン、しょうゆを加えて、さっと煮て火を止める。

冷蔵3日
冷凍1カ月

ベーコンでうまみたっぷり きのこのクリーム煮

材料（2人分）
バター…10g
ベーコン（1cm幅に切る）…2枚分
しめじ（ほぐす）…1パック分（150g）
エリンギ（一口大に切る）…100g
しいたけ（一口大に切る）…7枚分（100g）
白ワイン…1/4カップ
お好みのハーブ…適宜
生クリーム…3/4カップ
塩…小さじ1/4
こしょう…少々

1 鍋に入れる
バター、ベーコンを中火で熱し、全体になじんできたらしめじ、エリンギ、しいたけを加えて炒め合わせる。

2 煮込む
ワインとあればハーブを加えてふたをし、3分ほど蒸し煮にする。生クリーム、塩、こしょうを加えて混ぜ合わせる。

冷蔵3日
冷凍1カ月

野菜をサッと煮込んで

オイルサーディンで通好み キャベツの蒸し煮

材料（2人分）

オリーブ油…小さじ2
にんにく（薄切り）…1片分
キャベツ（3cm角に切る）…1/6個分（200g）
オイルサーディン…1缶（固形量75g）
A 国産レモン（輪切り）…4枚
塩…小さじ1/3
こしょう…少々
白ワイン…1/4カップ

野菜が100gとれる

冷蔵3日
冷凍1カ月

1 鍋に入れる
油、にんにくを中火で熱し、香りが出たらキャベツを加えてさっと炒める。全体に油が回ったらオイルサーディン、Aを加えてさっと混ぜ、ワインを回し入れる。

2 煮込む
ふたをして弱めの中火で5分ほど蒸し煮にする。

ザーサイが調味料 ブロッコリーの蒸し煮

材料（2人分）
ブロッコリー（小房に分ける）…1個分（200g）
味つけザーサイ（粗みじん切り）…30g
A にんにく（みじん切り）…1片分
しょうが（みじん切り）…1片分
ごま油…大さじ1
酒…大さじ3
塩・こしょう…各少々

野菜が100gとれる

冷蔵3日
冷凍1カ月

1 鍋に入れる
ブロッコリー、ザーサイ、Aの順に入れる。

2 煮込む
ふたをして中火にかけ、5分ほど蒸し煮にする。

インド生まれ なすのサブジ

材料（2人分）
オリーブ油…大さじ1
玉ねぎ（みじん切り）…1/4個分
にんにく（みじん切り）…1片分
しょうが（みじん切り）…1片分
なす（1cm幅のいちょう切り）…2本分（160g）
トマト（みじん切り）…1/2個分（100g）
A カレー粉…小さじ1/2
　塩…小さじ1/3
　こしょう…少々

野菜が155gとれる

冷蔵**3**日
冷凍**1**カ月

1 鍋に入れる
油を中火で熱し、玉ねぎ、にんにく、しょうがを炒める。玉ねぎがしんなりして透き通ってきたら、なすを加えて炒め合わせる。トマト、**A**も加えてさっと炒め合わせる。

2 煮込む
ふたをして弱火で4分ほど蒸し煮にする。

油揚げでコクまし かぶのトロッと煮

材料（2人分）
かぶ（皮をむいて1/4に切る）…3個分（320g）
A だし汁…1と1/2カップ
しょうゆ（できれば薄口しょうゆ）…大さじ1と1/2
みりん…大さじ1と1/2
油揚げ（3～4等分に切る）…2枚分

野菜が160gとれる

1 鍋に入れる
かぶ、Aの順に入れて油揚げをのせる。油揚げを落しぶた代わりにする。

2 煮込む
ふたを少しずらして弱めの中火で10分ほど煮込む。

冷蔵3日
冷凍1カ月

干し桜えびが香るカリフラワーの蒸し煮

材料（2人分）
カリフラワー（1㎝厚さに切る）…小1/2個分（200g）
いんげん（ヘタを落として3等分に切る）…60g
干し桜えび…5g
A 酒…大さじ2
ごま油…小さじ2
ナンプラー…小さじ1
塩・こしょう…各少々
レモン…適量

野菜が130gとれる

冷蔵3日
冷凍1カ月

1 鍋に入れる
カリフラワー、いんげん、桜えび、Aの順に入れる。

2 煮込む
ふたをして中火で3分ほど蒸し煮にする。器に盛り、レモンをしぼっていただく。

常備しておきたい ひじきのごま煮

材料（2人分）
芽ひじき…20g
にんじん（細切り）…1/4本分（50g）
A だし汁…3/4カップ
しょうゆ…大さじ1と1/2
みりん…大さじ1
砂糖…小さじ2
白すりごま…大さじ3

海藻・野菜が115gとれる（戻したときの重さ）

1 下ごしらえ
ひじきは水で戻し、よく洗ってしぼる。

2 鍋に入れる
1、にんじん、Aの順に入れる。

3 煮込む
ふたを少しずらして弱めの中火で8分ほど煮込む。ごまを加えてさらに2分ほど煮込む。

冷蔵3日
冷凍1カ月

コーンで彩りをプラス チンゲン菜のミルク煮込み

材料（2人分）

チンゲン菜（葉はざく切り、芯は縦4つ割り）…2株分（260g）

コーン缶…小1缶（固型量55g）

A 顆粒鶏がらスープ…小さじ1
水…大さじ5

B 牛乳…1カップ
塩…小さじ1/3
こしょう…少々

片栗粉…小さじ1

野菜が160gとれる

冷蔵**3**日

1 鍋に入れる
チンゲン菜、汁気をきったコーン、**A**の順に入れる。

2 煮込む
ふたをして中火で5分ほど蒸し煮にする。**B**を加えて温め、同量の水で溶いた片栗粉でとろみをつける。

おばあちゃんの味 切干大根の昆布煮

材料（2人分）
切干大根…20g
刻み昆布…10g
ごま油…小さじ1
しいたけ（薄切り）…3枚分

A
だし汁…1と1/2カップ
しょうゆ…大さじ1
みりん…大さじ1と1/2
みそ…小さじ2

野菜や海藻が80gとれる
（戻したときの重さ）

冷蔵3日
冷凍1カ月

1 下ごしらえ
切干大根と刻み昆布はさっと洗って水に浸して戻す。しぼってざく切りにする。

2 鍋に入れる
油を中火で熱し、1、しいたけをサッと炒める。全体に油が回ったらAを加える。

3 煮込む
ふたを少しずらして弱めの中火で10分ほど煮る。

column

「野菜を煮込み」中にもう一品

野菜を煮込んでいる間に、メイン料理も作ってみましょう。
鍋がふさがっていても大丈夫。
鍋以外の調理道具を使って、
手早くできるメインレシピをご紹介します。

＼フライパンで／
表面はカリッと、中はふっくら

チキンソテー

材料（2人分）
鶏もも肉（皮目をフォークなどで数カ所さす）…小2枚（400g）
塩…小さじ2/3

＊「チキンソテー」に「ラタトゥイユ（P.74）」、「きのこのクリーム煮（P.75）」をかけてソースがわりにしても美味！

こしょう…少々
にんにく（半分に切る）…1片分
オリーブ油…小さじ2
クレソン…適量

作り方

1 鶏肉は塩、こしょうをふる。

2 フライパンににんにくと油を入れ、やや強めの中火から強火で熱し、1を皮目から焼く。鍋のふた（重いもの）などをのせて重しをし、3〜5分ほど焼いてこんがりと焼き目をつける。

3 裏返してさらに3分ほど焼く。

4 器に盛り、クレソンを添える。

めかじきのみそチーズ焼き

発酵食品のチーズとみそは好相性！

魚焼きグリルで

材料（2人分）

めかじき…2切れ
塩…少々
A みそ…小さじ2
　ピザ用チーズ…15g
　みりん…大さじ2
サラダ菜…適量

作り方

1 めかじきは塩をふっておく。水分が出てきたらペーパータオルなどで押さえる。
2 魚焼きグリルを熱し、1を焼く。3分ほど焼いたら合わせたAをのせて、さらに3分ほど焼く。
3 器に盛り、サラダ菜を添える。
＊あればクミンシードをAに加えてもおいしい。

セロリの食感と香りが魅力

豚肉のセロリ巻き蒸し

電子レンジで

材料（2人分）
豚ロース薄切り肉…10枚
塩…小さじ1/2
こしょう…少々
セロリ（4㎝長さの細切り）…150g
バター…20g
ドライハーブミックス…小さじ1
白ワイン…大さじ2

作り方
1 豚肉を広げて塩、こしょうをふり、セロリを適量のせてクルクルと巻く。
2 巻き終わりを下にして耐熱皿に並べる。バター、ハーブをのせてワインを回しかけ、ラップをふんわりとかける。
3 電子レンジで6分加熱する。

Chapter 3

一杯やりたい日は…「おつまみをチャチャッと煮込んで」

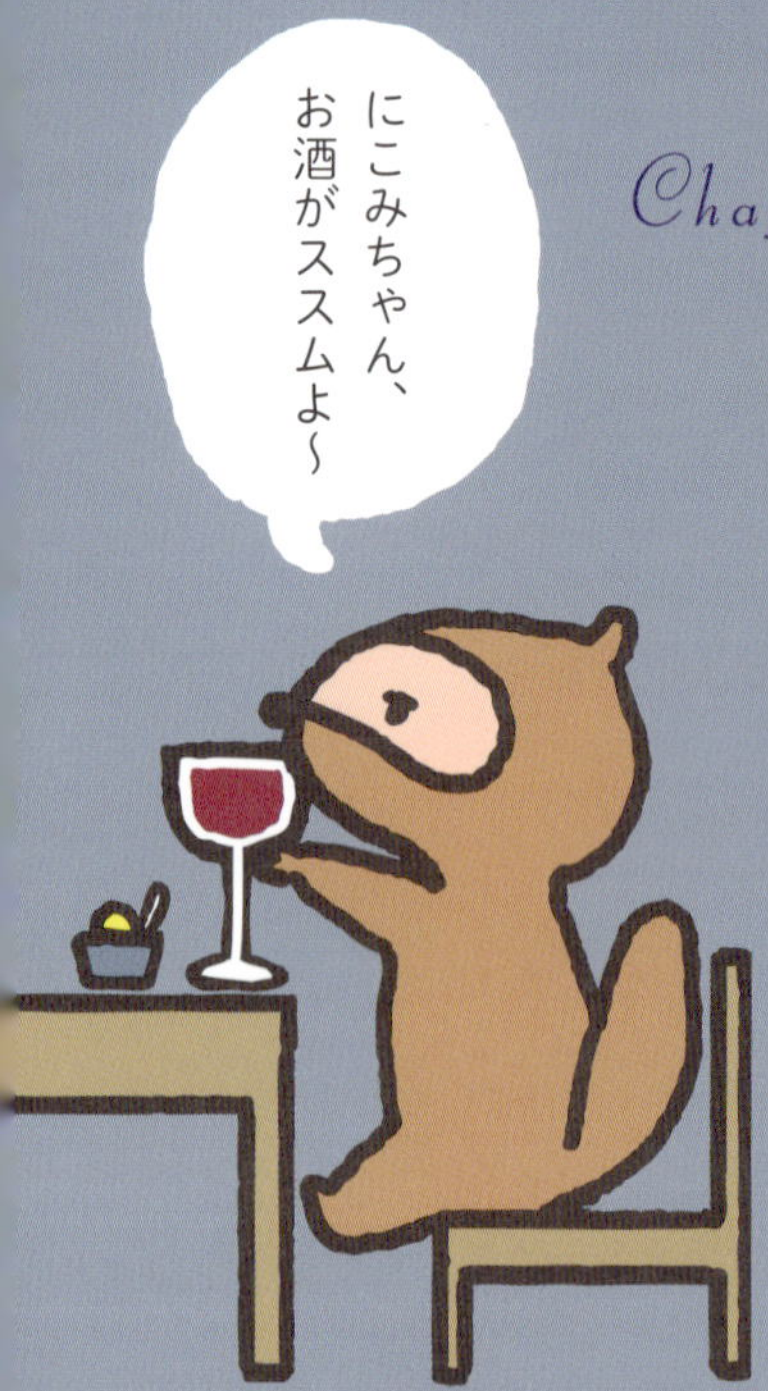

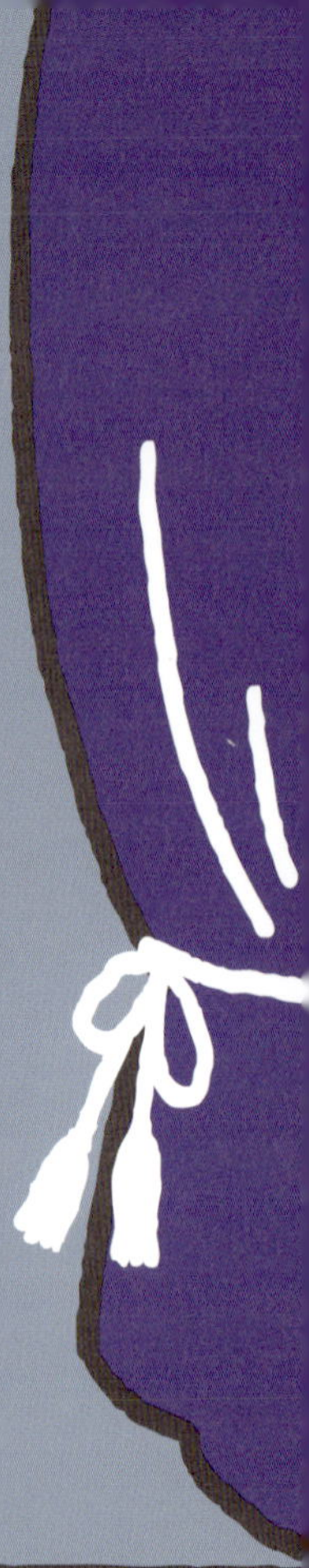

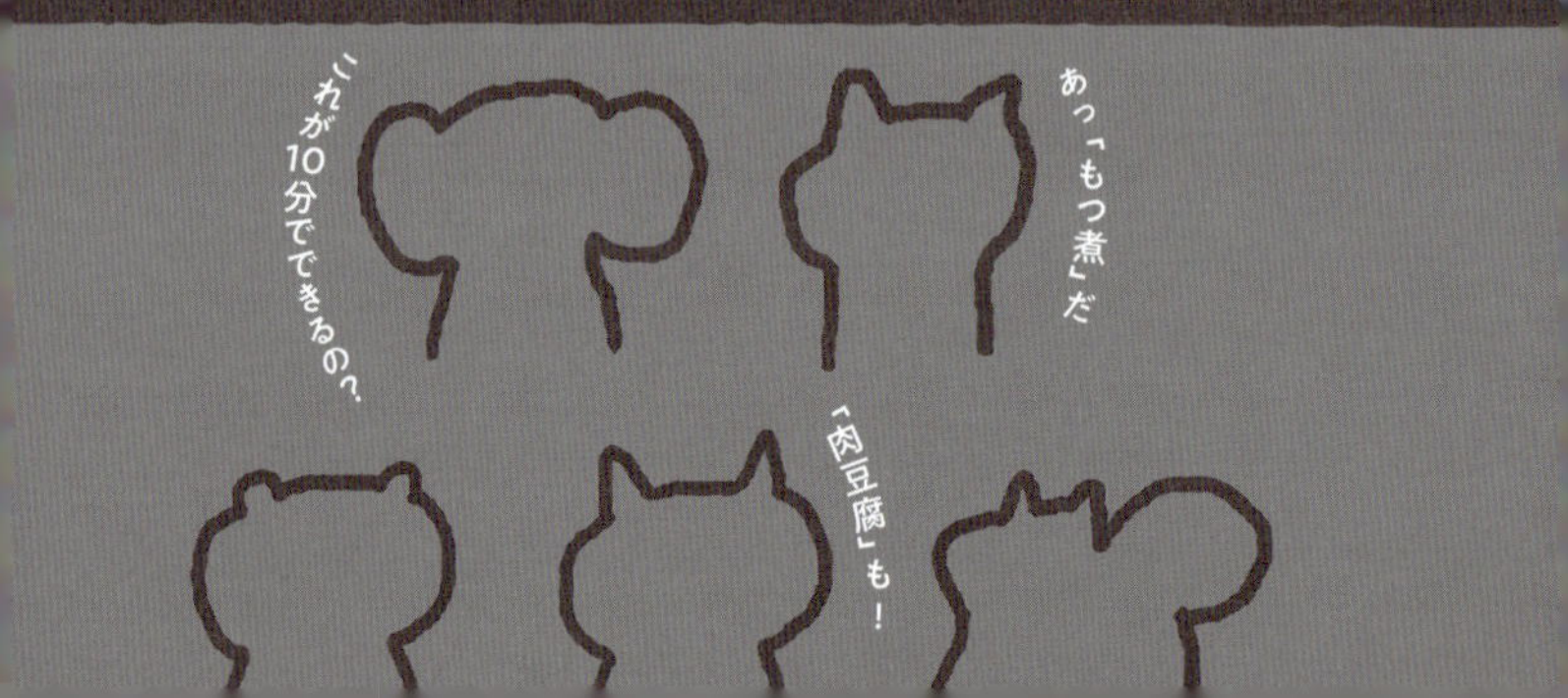

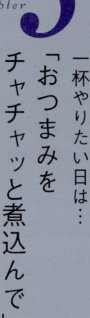

今日は、お酒に合う〝煮込み〟です
おいしく飲めること、間違いありませんね。
あれ「チリコンカン」も！
家飲み、充実しそう
すごいなぁ

eat! 20分 鍋に入れる 下ごしらえ

おうち居酒屋の定番 もつ煮

材料（2～4人分）
もつ（下ゆでずみ）…150g
A 昆布だし…2カップ
　しょうが（薄切り）…1片分
ごぼう（斜め薄切りにして水にさらす）…小1/2本分（100g）
大根（1cm幅のいちょう切り）…1/6本分（150g）
長ねぎ（2cm長さのぶつ切り）…1/2本分
こんにゃく（一口大にちぎる）…200g
B しょうゆ…大さじ1
　酒…大さじ3
　砂糖…大さじ1
みそ…大さじ1と1/2

時短テク・火が早く通る切り方

冷蔵3日
冷凍1カ月（こんにゃくは除く）

1 下ごしらえ
もつはよく洗って水気をきる。

2 鍋に入れる
Aを入れて煮立て、1、ごぼう、大根、ねぎ、こんにゃくを順に入れる。

3 煮込む
ひと煮立ちしたらBを加え、ふたを少しずらして弱火で15分ほど煮る。みそを溶き、ふたをせずに5分ほど煮る。

またすぐ食べたくなる チリコンカン

材料（2～4人分）
- オリーブ油…大さじ1
- にんにく（みじん切り）…1片分
- **牛ひき肉**（または合いびき肉）…150g
- 玉ねぎ（みじん切り）…1/2個分
- **A** **キドニービーンズ**（水煮）…150g
  - トマト缶（カットタイプ）…1/2缶（200g）
  - チリパウダー…5ふり
  - パプリカパウダー…5ふり
- 塩…小さじ1/3
- こしょう…少々
- トルティーヤチップ…適宜

V 時短テク・火が早く通る食材

1 鍋に入れる
油、にんにくを中火で熱し、香りが出たらひき肉、玉ねぎを順に加えながら炒め合わせる。**A**も加えてさっと混ぜる。

2 煮込む
ふたをして弱火で10分ほど煮込んで、塩、こしょうで味を調える。器に盛り、好みでトルティーヤチップを添える。

冷蔵3日
冷凍1カ月

驚くほどしっとり 中華風よだれ鶏

材料（2～4人分）
鶏むね肉…1枚（300g）
A 塩…小さじ1/4
にんにく（細切り）…1片分
しょうが（細切り）…1片分
長ねぎ（白い部分はみじん切り）…1/3本分
酒・水…各1/4カップ
B しょうゆ…大さじ1と1/2
ごま油…大さじ1
黒酢…大さじ1
砂糖…小さじ1
粉山椒…少々
白すりごま…小さじ1
水菜（ざく切り）…適量

時短テク・蒸し煮で加熱時間を短縮

1 鍋に入れる
鶏肉、**A**、ねぎの青い部分、酒、水の順に入れる。

2 煮込む
ふたをして強火で5分ほど蒸し煮にし、火を止めて粗熱をとる。

3 仕上げる
ボウルにねぎの白い部分、**B**、蒸し汁大さじ1を混ぜてタレを作る。**2**を切って器に盛り、水菜とタレを添える。

冷蔵5日
冷凍1カ月（水菜を除く）

どこかほっとする肉豆腐

材料（2〜4人分）
焼き豆腐…1丁
A 水…1カップ
酒…大さじ3
しょうゆ…大さじ3
みりん…大さじ2
砂糖…大さじ1
長ねぎ（斜め薄切り）…1本分
牛こま切れ肉…150g

冷蔵3日

1 下ごしらえ
豆腐は8等分に切り、ペーパータオルに10分ほどのせて水気をきる。

2 鍋に入れる
A、ねぎを入れて中火にかける。煮立ったら牛肉を数枚ずつほぐしながら加える。

3 煮込む
鍋に**1**も加え、ふたを少しずらして弱火で10分ほど煮込む。

韓国の人気おつまみ
トッポギ風煮込み

材料（2人分）
さつま揚げ（1cm幅に切る）…2枚分
ちくわぶ（4cm長さに切り、縦4つ割り）…1本分（160g）
ニラ（ざく切り）…50g
A 顆粒鶏がらスープ（またはダシダ P157）…小さじ1
水…1カップ
コチュジャン…大さじ1と1/2
酒…大さじ1と1/2
砂糖…小さじ2
しょうゆ…小さじ1

時短テク・火が早く通る切り方

1 鍋に入れる
さつま揚げ、ちくわぶ、ニラ、Aを順に入れる。

2 煮込む
ふたを少しずらして強めの中火で5分ほど煮込む。

冷蔵3日 冷凍1カ月

下ごしらえ — 鍋に入れる — 5分 — eat!

おもてなしにも
あさりの紹興酒蒸し煮

材料（2〜3人分）
あさり（砂出しずみ）…300g
にんにく（細切り）…1片分
しょうが（細切り）…1片分
A 塩…小さじ1/4
しょうゆ…小さじ1/2
紹興酒（または酒）…大さじ3
白髪ねぎ…20g
香菜（ざく切り）…20g

時短テク・蒸し煮で加熱時間を短縮

冷蔵3日
冷凍1カ月（白髪ねぎ・香菜は除く）

1 下ごしらえ
あさりはよく洗う。

2 鍋に入れる
1、にんにく、しょうが、**A**の順に入れる。

3 煮込む
ふたをして中火で3〜5分、あさりの口が開くまで蒸し煮にする。器に盛り、白髪ねぎ、香菜をのせる。

ほどよい酸味の
鶏手羽元のナンプラー煮

材料（2～4人分）
鶏手羽元…8本
にんにく（半分に切る）…1片分
しょうが（半分に切る）…1片分
赤唐辛子（種を除く）…1本分
A
ナンプラー…大さじ1
酢…大さじ1
砂糖…小さじ2
しょうゆ…小さじ1
酒…大さじ2
水…1と1/2カップ

時短テク・食材でコクをプラス

1 鍋に入れる
中火で熱し、鶏手羽元を焼く。表面に焼き色がついたらにんにく、しょうが、赤唐辛子、**A**を加える。

2 煮込む
ふたを少しずらして中火で15分ほど煮込む。

冷蔵5日
冷凍1カ月

手づかみでパクッ

下ごしらえ ― 鍋に入れる ― 15分 ― eat!

フランスの国民食
レンズ豆の煮込み

材料（2〜4人分）
- レンズ豆…80g
- 玉ねぎ（1cm角に切る）…1個分
- ベーコン（1cm幅に切る）…4枚分
- A 水…2と1/2カップ
  - 顆粒コンソメ…小さじ1/2
  - ローリエ…1枚
  - ローズマリー（ほぐす）…1本分
- 塩…小さじ1/3
- こしょう…少々
- バター…10g
- バゲット…適宜

時短テク・食材でコクをプラス

冷蔵5日
冷凍1か月

1 下ごしらえ
レンズ豆はさっと洗う。

2 鍋に入れる
1、玉ねぎ、ベーコン、Aの順に入れる。

3 煮込む
強火にかけ、煮立ったらふたをして中火で15分ほど煮込む。塩、こしょうで味を調え、バターを加えて溶かす。器に盛り、好みでバゲットを添える。

column

「おつまみ煮込み」の煮汁でもう一品

お酒を飲んだあと、欲しくなるのがごはんや麺などの〆飯。
「おつまみ煮込み」の蒸し汁や煮汁を使えば、
コクとうまみたっぷりの〆飯が
あっという間に完成です！

「中華風よだれ鶏（P.94）」をアレンジ

小腹がすいたら
これでサラサラッと

鶏飯のお茶漬け

材料（2人分）
「中華風よだれ鶏（P94）」の
蒸し鶏…適量
ごはん…茶碗2杯（軽く）
「中華風よだれ鶏」の
蒸し汁・昆布茶（合わせて）
…1と1/2カップ
刻みのり…適量
万能ねぎ（小口切り）…適量

作り方
蒸し鶏をほぐし、ごはんにのせる。
蒸し汁と昆布茶を合わせたものをかけ、のり、ねぎを散らす。

column

肉汁と温泉卵をしっかりからませると美味 たまごかけうどん

「肉豆腐（P.96）」をアレンジ

材料（2人分）

ゆでうどん…1玉
温泉卵…2個
「肉豆腐（P.96）」の煮汁…適量

作り方

ゆでうどんを器に盛り、卵をのせて肉豆腐の煮汁をかける。卵黄を崩し、からめていただく。

蒸し汁のうまみを
吸いとった麺に感動！

あさり風味麺

「あさりの紹興酒蒸し煮（P.100）」をアレンジ

材料（2人分）

ゆで中華麺（細めの縮れ麺）…1玉
「あさりの紹興酒蒸し煮（P100）」の蒸し汁…適量
白髪ねぎ…適量
香菜（ざく切り）…適量

作り方

器に麺を入れ、「あさりの紹興酒蒸し煮」の蒸し汁を加えてからめる。白髪ねぎ、香菜をのせる。

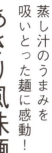

Chapter 4

ペコペコの日は…
「ごはんや麺も加えた一品料理で」

おなかペコペコの日は、
煮込みに「ごはんや麺も加えて」
ボリュームアップ！
一品でおなかも心も
満たされます。
「煮込みうどん」とか
「スープパスタ」も！
一人で食べるときに最適！
洗い物が少ないのもいいねぇ

酸味と辛味のWパンチ
サンラータン麺

材料（2人分）
木綿豆腐…200g
A 顆粒鶏がらスープ…大さじ1
水…4と1/2カップ
酒…大さじ3
しょうゆ…大さじ2
酢…大さじ4
塩…小さじ2/3
しいたけ（薄切り）…4枚分
焼きそば用中華蒸し麺（ほぐす）…2袋分
片栗粉…小さじ2
卵（溶きほぐす）…2個分
貝割れ菜…1/4パック
ラー油…小さじ1/2〜1

時短テク・粉でとろみをつける

1 下ごしらえ
豆腐はペーパータオルに包んで水気をきり、細切りにする。

2 鍋に入れる
Aを煮立て、**1**、しいたけを入れる。

3 煮込む
ふたをして中火で3分ほど煮込む。麺を加え、同量の水で溶いた片栗粉でとろみをつけて卵を回し入れる。器に盛り、貝割れ菜を添えてラー油をかける。

えびとエリンギの出合い 南国風リゾット

時短テク・火が早く通る食材

材料（2人分）
サラダ油…大さじ1
えび（背ワタをとる）…120g
エリンギ（縦半分に切って薄切り）…60g
わけぎ（ざく切り）…40g
A 顆粒鶏がらスープ…小さじ1
　水…1カップ
ココナッツミルク…1カップ
ごはん…茶碗2杯（300g）
B ナンプラー…大さじ1
　塩…少々
粗びきこしょう…少々
レモン…適宜
＊わけぎは万能ねぎでもOK。

1 鍋に入れる
油を強火で熱し、えびを炒める。香りが出たらエリンギ、わけぎを加えてさっと炒め合わせ、Aを注ぐ。

2 煮込む
煮立ったらココナッツミルク、ごはんを加えて2分ほど煮込み、Bで味を調える。こしょうをふり、好みでレモンをしぼる。

手間なし料理の代表選手
スープパスタ

時短テク・食材でコクをプラス

材料（2人分）
オリーブ油…大さじ1
にんにく（みじん切り）…1片分
ベーコン（1cm幅に切る）…3枚分
玉ねぎ（繊維に沿って薄切り）…1/2個分
ブロッコリー（小房に分ける）…小1個分（150g）
A 水…4カップ
　顆粒コンソメ…小さじ1
　塩…小さじ1/2
　こしょう…少々
スパゲッティ（半分に折る）…160g
粉チーズ…適宜

1 鍋に入れる
油、にんにくを中火で熱し、香りが出たらベーコン、玉ねぎ、ブロッコリーの順に炒める。

2 煮込む
Aを加えて強火にかけ、沸騰したらスパゲッティを加える。かき混ぜたら1分ほどゆで、ふたをして火を止め、ゆで時間分放置する。*ふたをとり、中火で温め直し、好みで粉チーズをふる。

＊スパゲッティの袋に記載してあるゆで時間。

韓国の薬膳スープ もち麦サムゲタン風

時短テク・火が早く通る切り方

材料（2人分）

鶏手羽中…6本

A しょうが（細切り）…1片分
にんにく（細切り）…1片分

長ねぎ（縦4等分にして4cm長さに切る）…1本分

しいたけ（薄切り）…6枚分

もち麦…1/2カップ

赤唐辛子（種をとる）…1本分

水…4カップ

塩…小さじ1/2

粗びきこしょう…少々

白いりごま…小さじ1

冷凍1カ月

1 下ごしらえ 鶏肉は骨に沿って切り込みを入れる。

2 鍋に入れる 1、A、さっと洗ったもち麦、赤唐辛子、水、塩の順に入れる。

3 煮込む ふたを少しずらして強火にかける。煮立ったら弱めの中火で20分ほど煮込む。器に盛り、こしょう、ごまをふる。

ガッツリほおばりたい ザ・牛丼

材料（2人分）

- 玉ねぎ（半分に切り、繊維に沿って薄切り）…小1個分
- しょうが（細切り）…1片分
- A だし汁…1カップ
  - しょうゆ…大さじ3
  - 酒…大さじ3
  - 砂糖…大さじ2
- 牛切り落とし肉…200g
- ごはん…茶碗2杯（300g）
- 紅しょうが…適量

時短テク・火が早く通る食材

冷蔵3日 冷凍1カ月

1 鍋に入れる
玉ねぎ、しょうが、Aの順に入れる。

2 煮込む
ふたをして中火で5分ほど煮込む。牛肉を1枚ずつ広げながら加え、混ぜながら全体に火を通す。

3 盛りつける
器にごはんを盛り、2をのせて紅しょうがを添える。

絶品！和風クリーミー豆乳みそ煮込みうどん

時短テク・食材でコクをプラス

材料（2人分）
かぼちゃ（5㎜幅に切る）…150g
油揚げ（2㎝幅に切る）…2枚分
A だし汁…1と1/2カップ
　みりん…大さじ2
豆乳…2カップ
冷凍うどん…2玉
みそ…大さじ2
塩…小さじ1/4

1 鍋に入れる
かぼちゃ、油揚げ、Aの順に入れる。

2 煮込む
ふたをして強火にかけ、煮立ったら弱めの中火で3分ほど煮る。豆乳、うどんを加えてほぐし、みそ、塩で味を調える。

野菜の甘味がアクセント

ツナとにんじんのリゾット

材料（2人分）
米…1カップ
にんじん（すりおろす）…小1本分（150g）
ツナ缶（オイル煮）…1缶（70g）
A オニオンチップ…大さじ4
トマトケチャップ…大さじ2
酒…大さじ3
水…1カップ
塩…小さじ1/2
こしょう…少々
オリーブ油…小さじ1
粉チーズ…大さじ1
パセリのみじん切り…適量

V 時短テク・火が早く通る切り方

1 鍋に入れる
さっと洗った米、にんじん、ツナ（缶汁ごと）、Aの順に入れる。

2 煮込む
ふたをして中火にかけ、ときどき混ぜながら13分ほど煮る（途中、煮汁が少なくなり過ぎたら水を少し足す）。塩、こしょうで味を調え、器に盛り、油、粉チーズ、パセリをふる。

column

煮込みにピッタリのつけ合わせごはん

白いごはんもいいけれど、ときには混ぜごはんや炊き込みごはんをつけ合わせると、いつもの煮込みが一味違って見えてきます。煮込みをおいしくするごはんレシピをご紹介します。

モリモリ食べたくなる ガーリックライス

材料（2人分）
温かいごはん…茶碗2杯（300g）
フライドガーリック…5g
バター15g
塩…少々

作り方
ごはんにフライドガーリック、バター、塩を加えて混ぜ合わせる。

相性のいい「煮込み」料理は…
「豚ばら肉とにんにくの芽の煮込み（P.34）」「鶏手羽中とじゃがいものしょうゆ煮（P.62）」など。

オリーブ油で風味をプラス

パセリライス

材料（2人分）

温かいごはん…茶碗2杯（300g）
パセリ（みじん切り）…大さじ1
オリーブ油…小さじ2
塩…少々

作り方

ごはんにパセリ、油、塩を加えて混ぜ合わせる。

相性のいい「煮込み」料理は…

「さばのトマトジュース煮込み(P.22)」「ビーフストロガノフ(P.52)」「クリームシチュー(P.54)」など。

煮込み料理を引き立てる黄金色

サフランライス

材料（2人分）
米…2合
サフラン…ひとつまみ

作り方
米を洗い、サフランと合わせて炊飯器に入れ、2合のラインまで水を注いで炊く。

相性のいい「煮込み」料理は…
「鶏肉のココナッツミルク煮（P.26）」「たいとセロリの白ワイン煮（P.46）」「牛肉のトマトクリーム煮（P.36）」など。

ほうじ茶の香ばしさがきわだつ

茶飯

材料（2人分）
米…2合
ほうじ茶…大さじ1

作り方
米を洗い、茶と合わせて炊飯器に入れ、2合のラインまで水を注いで炊く。

相性のいい「煮込み」料理は…
「肉だんご黒酢煮（P.18）」「いか大根（P.28）」「豚肉とキャベツのみそ煮込み（P.64）」、「豆腐と白菜の中華煮込み（P.66）」など。

シンプルなのに、ぜいたくな味わい

ほたて缶ごはん

材料（2人分）
米…2合
ほたて缶…小1缶（65g）
塩…少々

作り方
米を洗い、ほたて（缶汁ごと）、塩と合わせて炊飯器に入れ、2合のラインまで水を注いで炊く。

相性のいい「煮込み」料理は…
どんな煮込みにも合わせやすい万能ごはん！

Extra edition

番外編

休日は…
「本格的なごちそうを煮込んで」

今日は、ひさびさの休日…。
だから「ごちそう煮込み」です。
のんびりしたい日にピッタリ。
手間がかからない
ほったらかし料理なので、ぜひ試してみてね。

えっ「煮込みハンバーグ」？
オレ、大好き！
ぁぁ、休日だなぁ
「煮豚」「牛テールスープ」とかも
あるんだってよ

テーブルセッティングして、のんびり休日

懐かしの味 煮込みハンバーグ

材料（2人分）

玉ねぎ（みじん切り）…1個分

バター…10g

牛ひき肉（または合いびき肉）…300g

A

溶き卵…1/2個分

パン粉…大さじ2

牛乳…大さじ2

塩…小さじ1/4

こしょう…少々

サラダ油…小さじ2

1 玉ねぎはバターを熱したフライパンでじっくりと、少し飴色になるまで炒める。

2 ひき肉をねり、粗熱をとった**1**の半量、**A**を加えてねり合わせ、小判形に丸める。

冷蔵3日 冷凍1カ月

2 鍋に入れる

B 赤ワイン…大さじ2
水…1/2カップ
ウスターソース…小さじ2
砂糖…小さじ1
しょうゆ…小さじ1

デミグラスソース…1カップ
マッシュポテト・にんじん・クレソン…各適宜
生クリーム…適宜

3 フライパンで油を中火で熱し、**2**を焼いて、表面に焼き色をつける。

4 鍋に**1**の残りの玉ねぎ、**B**を入れて煮立て、**3**を加える。

懐かしの味
煮込みハンバーグ

5 ふたを少しずらしてのせ、弱火で10分ほど煮る。

6 デミグラスソースを加えて味を調える。

7 器に盛り、お好みでマッシュポテト、ゆでたにんじん、クレソンを添えて、好みで生クリームをかける。

時短テク・火が早く通る食材
・市販のデミグラスソースを使用

これが嫌いな人って、
いないね！

肉が食べたい日の一皿

みんなが大好き煮豚

冷蔵5日
冷凍1カ月

材料（作りやすい分量）
豚肩ロースかたまり肉（糸で巻く）…500〜600g
A 長ねぎの青い部分…1本分
しょうが（薄切り）…1片分
シナモン…5ふり
八角…4粒
クローブ…8粒
水…4カップ
酒…80㎖

1 下ごしらえ

1 フライパンを中火で熱し、豚肉の表面を焼きつける。

みりん…80㎖
しょうゆ…80㎖
はちみつ…40㎖

2 鍋に1、Aの順に入れる。

みんなが大好き煮豚

3 ふたを少しずらして強火にかけ、煮立ったら弱火にして1時間ほど煮込む。ときどき返しながら煮汁が1/3程度になるまで煮詰めて火を止める。

4 粗熱がとれたら豚肉をとり出して糸をはずし、食べやすく切って器に盛る。

このくらいになるまで煮詰めて！

1 下ごしらえ

おうちで気軽にビストロ気分

鶏肉とプルーンの赤ワイン煮込み

材料（2人分）
鶏もも肉（骨つきぶつ切り）…400～500g
塩・こしょう…各少々
A オリーブ油…小さじ2
　にんにく（半分に切る）…1片分
セロリ（みじん切り）…1/2本分
玉ねぎ（みじん切り）…1/2個分

1 鶏肉に塩、こしょうをふる。フライパンでAを中火で熱し、香りが出たら鶏肉を焼きつけていったんとり出す。

2 同じフライパンでセロリ、玉ねぎを炒めてしんなりとさせる。

冷蔵3日
冷凍1カ月

B
乾燥プルーン…6粒
赤ワイン…1カップ
水…1カップ
トマトピューレ…1/4カップ
しょうゆ…小さじ2
ローズマリー（ほぐす）…2本分

3 鍋に1、2、Bの順に入れる。

鶏肉とプルーンの赤ワイン煮込み

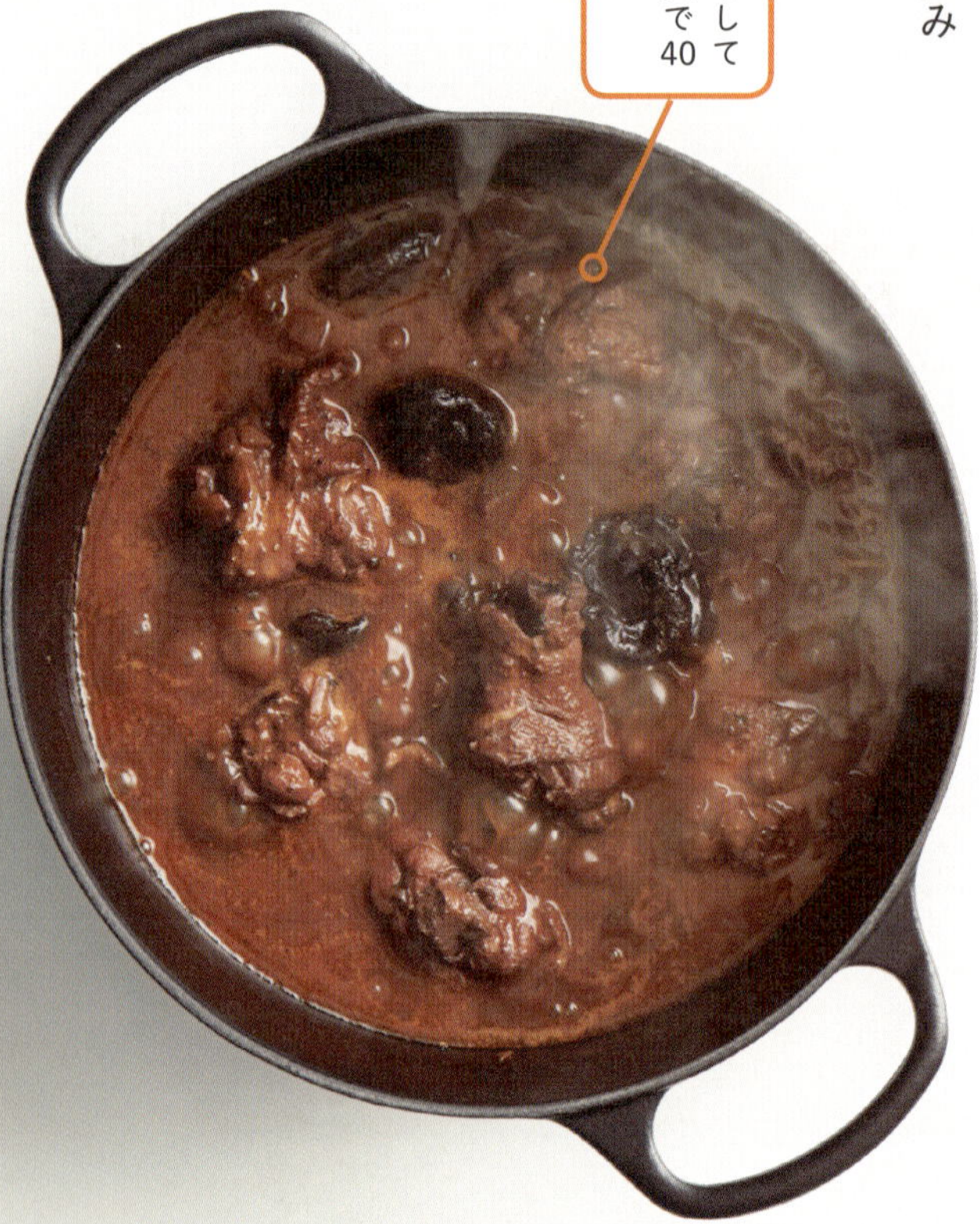
4 ふたを少しずらして弱めの中火～弱火で40分ほど煮込む。

たまにはゆっくりビールでも飲みながら…

ほろほろの舌触り牛すじ煮込み

1 下ごしらえ

材料（作りやすい分量）

長ねぎ…1本
しいたけ…6〜8枚（1パック）
焼き豆腐…1丁
牛すじ（下ゆでずみ）…400g
昆布だし…適量
A しょうゆ…大さじ3
　みりん…大さじ3

1 ねぎは斜め切りにし、しいたけは半分に切り、豆腐は8等分に切る。牛すじは下ゆでずみのものを用意する。

冷蔵3日

2 鍋に入れる

2 鍋に1を入れて、ひたひたになるまで昆布だしを注ぎ、Aも加える。

「牛すじの下ゆで」の仕方

牛すじを自分で下ゆでするときのレシピです。
時間はかかるけど、ほうっておくだけでOK。
一層おいしくできるのでぜひお試しを。

材料（2人分）

牛すじ（5㎝幅に切る）…400g
長ねぎの青い部分…1本分
にんにく…1片
しょうが…1片

作り方

1 牛すじを鍋に入れ、かぶるくらいの水（分量外）を注いで強火にかける。煮立ったら一度ザルにあげて水気をきる。

2 1の牛すじを鍋に入れ、ねぎ、にんにく、しょうがとたっぷりの水（分量外）を加える。

3 強火にかけて煮立ったら弱めの中火にする。ふたを少しずらして3時間ほどゆでる。

3 15分

ほろほろの舌触り牛すじ煮込み

3 ふたを少しずらして弱めの中火で15～20分ほど煮込む。

時短テク・火が早く通る食材

このくらいになるまで煮詰めて！

肉汁がじゅわ～

こんなごちそうも、休みの日ならできちゃう

時間はかかるけど手間なし牛テールスープ

1 60分

材料（作りやすい分量）

- **牛テール**…500g
- にんにく…1片
- しょうが…1片
- 水…7と$\frac{1}{2}$カップ程度
- **もやし**…60g
- **ニラ**…40g
- 塩…小さじ$\frac{2}{3}$
- こしょう…少々

1 鍋に牛テール、にんにく、しょうがを入れて水をたっぷり加える。強火にかけ、煮立ったらアクをとり除く。ふたをして弱火で1〜3時間ほど煮込む。

＊3時間煮たほうがとろとろになる。途中で様子を見て、水が減っていれば加える。

冷蔵3日
冷凍1カ月

2 もやしはできればひげ根をとり、ニラはざく切りにする。

時間はかかるけど手間なし牛テールスープ

3 鍋に、**2** のもやしとニラを加えてさっと煮て、塩、こしょうで味を調える。

column

「煮込み」をおいしくする3つのコツ

煮込み料理に共通する、おいしく作るためのコツをあげてみました。どれも基本的なことですが、意外に知らないこともあるかもしれません。ここで押さえておくと安心です。

ふたを少しずらして煮込む

レシピによっては煮込むとき、ふたをピッチリ閉めずに、少しずらしておくことがあります。これは、水分を蒸発させてしっかり煮詰めたいから。噴きこぼれ防止にも役立ちます。

アクは一気にまとめてとる

アクは苦味や渋味の原因になるもの。沸騰すると中心に集まってくるので、ここでとりましょう。とるのはこの1回だけでOK。とり終わったら火を弱めて煮込みます。

煮込み中は火加減に注意

レシピには火加減や煮込み時間を明記しましたが、鍋や室温などによっても変わってきます。早く煮詰まり過ぎたら弱火にするなど、様子を見ながら調節しましょう。

column

ほぼ10分で

「トロッとなる煮込み」におすすめの鍋

「ほぼ10分でトロッとなる煮込み」におすすめの鍋とは、鍋全体に早く熱が伝わり、保温性の高いものです。とろ火でじっくり煮込んだように軟らかく仕上がります。

この本で使った鍋

この本では「ル・クルーゼ」の
鋳物ホーロー鍋を使っています。
熱伝導率、保温性が高いうえに、
しゃれたデザインなので食卓にそのまま出してもOK。
雰囲気がよくなり、洗い物も減って一石三鳥です。

「ル・クルーゼ シグニチャー
ココット・ロンド 20cm チェリーレッド」

「ル・クルーゼ シグニチャー
ココット・オーバル 25cm ホワイト」

こんな鍋もおすすめです

手持ちの鍋で作る場合は、ふたがピッチリ閉まる
厚手の鍋がおすすめです。
素材は鋳物かステンレス製、あるいはホーロー製が理想的。
適当な鍋がない場合は、
深めのふたつきフライパンでも上手にできます。

厚みのあるふたつきステンレス製の鍋

ふたつきのフライパン

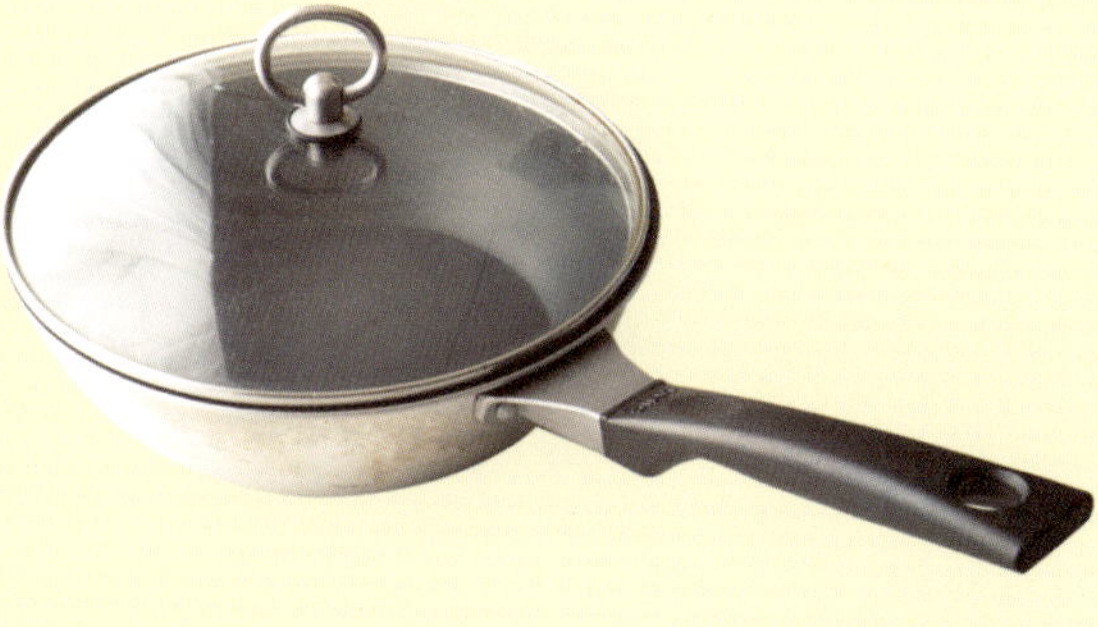

column

ほぼ10分で

「トロッとなる煮込み」に欠かせない便利食材

この本で多用している「香辛料」「だし・調味料」「プラスα食材」「粉」をそれぞれまとめてみました。中には珍しいものもありますが、揃えておくと忙しいとき、とても役に立ちます。

保存性が高く、さまざまな料理に使える

香辛料

シナモンパウダー
中華料理やエスニック料理で独特の風味を出したいとき、シナモンはとても役に立つ。特殊な香辛料をいろいろ揃えなくてもそれらしい味わいに仕上がる。

ドライハーブミックス
フレンチやイタリアンなどのさまざまな洋風料理に使える汎用性の高い香辛料。長期間保存することもできる。

チューブしょうが、チューブにんにく
しょうがやにんにくを切らしているときや、おろす時間がないときに便利。

ローズマリー
フレッシュハーブの中では保存性が高いハーブ。冷蔵庫なら約1週間、水にさしておけばひげ根が出てきて、数週間もたせることができる。

長時間煮込んだようだ味わいになる

だし・調味料

ダシダ
韓国で使われている牛肉のだし。長時間煮込んだ韓国料理独特の味わいを出すことができる。ハンバーグや餃子などの定番料理にも役に立つ。

トマトピューレ
トマト缶に比べて酸味が控えめであとに残らないため、短時間の煮込みでもまろやかにおいしく仕上がる。

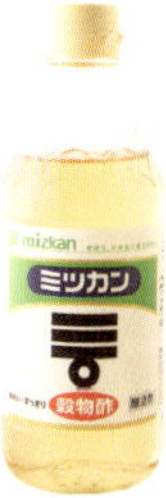

酢
酸味を加えるだけでなく、肉を軟らかくして、味に深みを出す働きがある。

ワイン、塩麹、みそ、甘酒
調味料や飲料としておなじみの食品。この本では、肉をつけ込む際のタレとしても利用している。あらかじめつけておくことで、短時間の煮込みでも軟らかくトロッとした食感に仕上がる。

コク出しに、肉を軟らかくするときに

プラスα食材

オニオンチップ、
ベーコン、
ハム、アンチョビ

「野菜の煮込み」のように、短時間の煮込みではうまみやコクが出にくい料理には、これらの食材が役に立つ。少量加えるだけで奥深い味わいに。

油揚げ、桜えび

「和食の煮込み」でよく使われる、うまみ、コク出し食材。桜えびはエスニック料理にも欠かせない。油揚げはうまみを加えながら、落としぶた代わりにもなる便利な食材。

味つけザーサイ

ザーサイを少し加えるだけでうまみとコクのある本格的な中華味になる。

パイナップル、玉ねぎ、プレーンヨーグルト
いずれの食材にも肉を軟らかくする働きがある。パイナップルと玉ねぎはその酵素に、ヨーグルトはその乳酸菌に肉の繊維をほぐす作用がある。

肉や煮汁が「トロッ」とした食感に！

粉

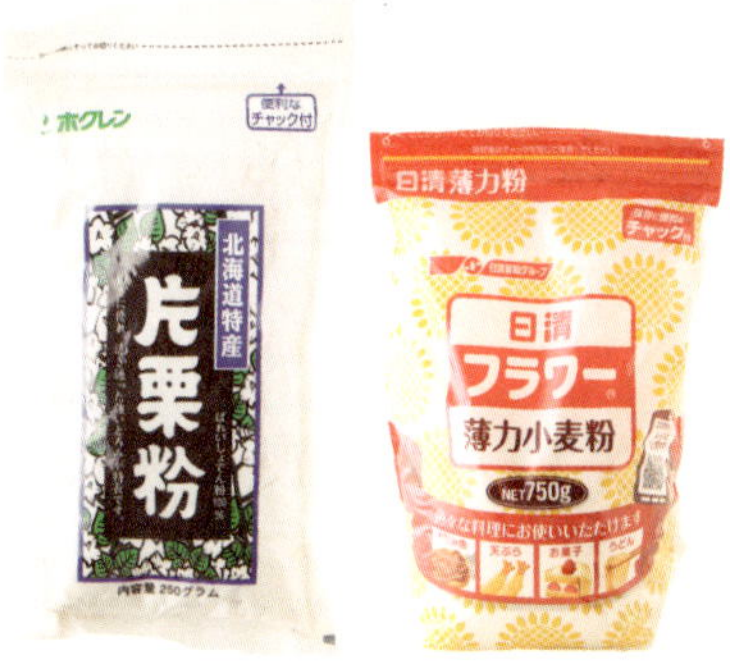

片栗粉、小麦粉
肉に片栗粉をまぶしてから煮込んだり、煮汁に小麦粉をふり入れると、煮込み時間が短くても、トロッとした食感に仕上がる。

著者　牛尾理恵《うしおりえ》

料理研究家・フードコーディネーター・栄養士。病院での食事指導、料理専門の制作会社等を経て独立。暮らしの中で手軽においしくできる料理に定評がある。書籍、雑誌、テレビ、広告で活躍中。著書は『野菜がおいしいタジン鍋』(池田書店)、『重ねて煮るだけ！おいしいおかず』(学研プラス)、『圧力鍋でつくるおかずの感動レシピ』(成美堂出版)など多数。

staff

撮影　原 ヒデトシ
スタイリング　本郷由紀子
デザイン　中村 妙(文京図案室)
イラスト　にのみやいずみ
執筆協力　小沢明子
校正　株式会社ぷれす
編集協力　フロンテア

撮影協力　**ル・クルーゼ ジャポン株式会社**
www.lecreuset.co.jp

ほぼ10分でトロッとなる煮込みです。

著　者　牛尾理恵
発行者　池田士文
印刷所　萩原印刷株式会社
製本所　萩原印刷株式会社
発行所　株式会社池田書店
〒162-0851 東京都新宿区弁天町43番地
電話03-3267-6821(代)／振替00120-9-60072

落丁・乱丁はおとりかえいたします。

ISBN978-4-262-13038-5

20024510